Nicht das Geld regiert die Welt!

Alfred Heim

Nicht das Geld regiert die Welt!

Wissen und Aufgabe eines Christen

Bibliografische Information der Deutschen Nationalbibliothek:
Die Deutsche Nationalbibliothek verzeichnet diese Publikation
in der Deutschen Nationalbibliografie; detaillierte bibliografische
Daten sind im Internet über http://dnb.dnb.de abrufbar.

© 2018 Alfred Heim
Grafik: Hartmut Albert/ Shutterstock.com
Satz, Umschlaggestaltung, Herstellung und Verlag:
BoD – Books on Demand

ISBN: 978-3-7460-2102-7

Widmung

Dieses Buch sei als Andenken gewidmet,
für alle unserer Familie zugehörigen Lieben, wie:

Meiner treuen Gattin Gerda (Gertrud) Heim Willenig,
Mutter unserer Jungen
und Großmutter unserer Enkel
Heidi (Adelheid) und Werner Badertscher-Heim
Renate Heim
Silvia Pfister-Heim
und Enkel Markus und Stefan Pfister
Siegfried Heim
Evi-Edith Heim
Melanie und Sascha Hostettler
Enkel Dominik und Raphaela Borer
Fam. Andrea und Manfred Oberrauner

Sowie allen unseren engen Familienfreunden, wie:

Werner Baumgartner und Familie
Fam. Meyer
Erwin und Traudl Lehr
Erika Hedinger
Fam. Gittermann
Fam. Leubin
Hr. Weilenmann, Präsident Gen. Rheinfels-Park
Fam. Strömer
Dr. Peter Borer, Hausarzt
Claudia Ruh
Stadtarchiv
der Ortsbürgergemeinde der Stadt St. Gallen

Die Praxis sollte das Ergebnis des Nachdenkens sein, nicht umgekehrt.

Inhaltsverzeichnis

Nicht das Geld regiert die Welt!

Vorwort

Täglich sind wir, über die Medien oder durch Selbsterleben, laufend über vielerlei Arten vorkommender Verbrechen wie Betrug, Diebstahl, Einbruch, Gewalt gegenüber Mitmenschen, gar Mord oder Kriege orientiert.
Versuchen wir dazu einmal primär Ursachen von Verbrechen zu erkennen.

- Eine Ursache liegt sicher einmal bei finanzieller Not von Mitmenschen; die sich dann auf falschen Wegen, z. B. mit Finanzverbrechen wie Diebstahl und Einbrüchen, aus ihrer Notlage zu helfen versuchen.
- Eine andere Ursache kann ein Bildungsdefizit sein, welches die Findung einer Arbeitsstelle erschwert oder gar verunmöglicht. Eine weitere kann die Erfahrung von unverständlich immensen Gehaltsunterschieden sein, die bei entsprechender Privilegierung von Teilen unserer Gesellschaft schlussendlich eine unterschiedliche Belastung der übrigen Allgemeinheit bringt. Diese unverhältnismäßig großen Lohnunterschiede werden allgemein als ungerecht empfunden; sie verursachen gefährliche Missstimmungen, speziell in Kreisen von Mitmenschen, welche knapp über, oder gar unter, der Armutsgrenze leben müssen. Solche Kreise melden sich mit Demonstrationen, die stets noch zur unvorhergesehenen Gefahr von Unruhen führen; sich sogar zu gewaltmäßigen Zerstörungsaktionen entwickeln.

Staatlich versucht man Verbrechen mittels Bestrafungen einzudämmen; oder gegen kriegerische Staaten gute Landes- und Wirtschaftsbeziehungen abzubrechen.
Es werden Strafgesetze, Kriminal-Untersuchungsbehörden, Gerichte und Gefängnisse geschaffen.

Zusammen mit den durch die Verbrechen angerichteten Schäden wird der Staat finanziell ganz erheblich belastet.

Dabei muss man sich ernsthaft die Fragen stellen:

- Wie viel, und was für Verbesserungen, bringen solche Bestrafungen?
- Wo liegen die vielfältigen Gründe solcher Verbrechen?
- Welche anderen Mittel hätte die Gesellschaft zur Eindämmung von Verbrechen?

Wenn wir uns darüber unterhalten wollen, was, oder wer, die Welt regiere, so spielen Lebens- und Wertvorstellung, Denken, Beeinflussungen und Handeln des Menschen eine primäre Rolle. Damit ist der Mensch maßgebend, über Inhalte, Richtungen und die Art und Weise des Regierens in den verschiedenen Lebensbereichen unserer Welt.

Der kleinste, aber dies zuallererst beeinflussende Kreis dieser Bereiche ist die Familie.
Deshalb sei in der Reihenfolge der im folgenden Buchinhalt aufgeführten Themenliste als erster Themenkreis auf die Familie eingegangen.

Einleitung/Themenliste

Lieber Leser, warum sollten wir uns nicht einmal ernsthafte Gedanken machen zur Fragestellung:

>>*Wer regiert eigentlich diese Welt?*«,

oder

>>*Wer sollte eher unsere Welt regieren?*«

Dazu müssen wir uns zuerst einmal über die sich zum Teil seit vielen Tausenden von Jahren, dazu stets, wiederholenden Welt und Menschheit schädigenden Ereignisse unterhalten.

Das sind vor allem Themen wie:

- **Fam.** **Familien mit unterschiedlich gestalteten Kontaktklimas mit** <u>positiver</u> oder <u>negativer</u> Entwicklung von Kindern und Jugendlichen.
- **Kar.** Persönliches **Karrierestreben** in Sport, Beruf und Wirtschaft.
- **Int.** Die unterschiedlichen und **gegengesetzlichen Interessen** in politischen Parteien, religiösen Glaubenskreisen und andern Gemeinschaften.
- **Ver.** Stets tägliche **Verbrechen**, Kriminelles und Gewalt verschiedenster Art.
- **Pro.** Gesetzeswidrige und falsche Tatsachen anführende **Produkte-Verkaufswerbungen**, speziell im Lebensmittel-, Gesundheits- und Haushalts-Produktebereich, die unehrlichen Produkte-Herstellungsverfahren in der **Lebensmittelindustrie.**
- **Kri.** Laufende **Kriege** in und zwischen Nationen.
- **Men.** **Menschenrechts**-Verletzungen, wie täglich grausame Menschen-Verfolgungen, Vergewaltigungen, Folterungen und Ermordungen.

Volkstümlich sagt man:

»Geld regiert die Welt« –

doch dies geht seit fast Ewigkeiten an der Wahrheit vorbei.

Die Gründe des dramatischen Weltgeschehens liegen weit tiefer;
das Geld ist dabei meistens nur das Mittel.

Versuchen wir einmal ernsthaft dessen tieferen Gründen nachzugehen;
nehmen wir uns einmal die Mühe
über die oben erkannten Unheils-Kriterien nachzudenken.

———————————

Die Themen:

- <u>Fam.</u> **Familien mit unterschiedlich** gestalteten **Kontaktklimas,**
  mit <u>positiver</u> oder <u>negativer</u> Entwicklung von Kindern und
  Jugendlichen.

Zu diesem Thema muss man unterscheiden zwischen Familien, in
denen sich grundsätzlich eine dauernde Geborgenheit findet, und jenen
stets von Scheidung gefährdeten Lebensgemeinschaften.

Zum Thema der von Scheidung gefährdeten Lebensgemeinschaften darf
folgendes festgehalten werden:

Geschichten in kleinsten persönlichen Kontaktkreisen, der Familien,
beginnen meist mit dem »Verliebtsein«; einer Zeit, die sich mit
»Zuckerbrot raspeln und Honig schlecken« vergleichen lässt, einer Zeit
voller Erwartung zukünftiger glücklicher Zweisamkeit, in der sich so
oft der Spruch bewahrheitet: »Liebe macht blind!«

Nachdem dann die ersten Zeiten des Verliebtseins verklungen sind,
unerwartete Probleme des gemeinsamen Lebenshaushaltes, oder Sorgen
eintreten, und sie bei Kompromisslosigkeiten, Vorstellungen, oder
beidseitigen Interessen nicht mehr übereinstimmen, kommt es zum
Bruch der Ehe, bzw. des Zusammenlebens.
Was fehlt grundsätzlich bei derartigen Heirats-Blitzentscheiden?
Vordringlich ist, dass mit dem »Verliebtsein« gleichzeitig notwendiges, aber
leider ausbleibendes, Abklären über gemeinsame Lebensvorstellungen,
Tätigkeiten, gesundheitliche Situationen, zu erwartende finanzielle
Möglichkeiten und Lebenskomfort, sowie Hobbys, erfolgt.
Und im Vordergrund steuert, <u>**»regiert«**</u> nur der »Honigmond« und das
Bett.

Leider endet dann eine Scheidung in den meisten Fällen nicht mit einer streitlosen Vereinbarung, in der man sich in echt freundschaftlicher Weise trennt. »Schlammschlachten« und Gerichtsstreitigkeiten sind die Folgen. Überaus dramatisch kann sich das dann in den allermeisten Fällen auf die folgende Jugendzeit eventuell schon vorhandener Kinder auswirken. Ein trautes Heim geht ihnen dann meist verloren.

Der allein erziehende Elternteil muss in den meisten Fällen einem beruflichen Gelderwerb nachgehen. Und die zur Verfügung stehende Zeit zur Betreuung von Kindern beschränkt sich auf ein Minimum. Dies trifft in ähnlicher Weise auch zu, wenn beide Eltern, oft vollamtlich, einem beruflichen Job nachgehen. Sie tun dies, wenn die Berufstätigkeit z. B. des Ehemannes schlecht belohnt ist, oder die Eltern einen erhöhten Lebenskomfort anstreben.

Jugendliche aus solchen Verhältnissen vermissen, sei es bewusst oder unbewusst, die familiäre Geborgenheit.

Sobald mündig, und bald oft auch verliebt, und Geborgenheit suchend, neigen sie oft schnell zu einer selbstständigen vertrauten Zweisamkeit. So rasch getroffene Zweisamkeits-Entscheide geschehen fast immer ohne ein länger vorangegangenes, eingehendes Sich-Kennenlernen. In dieser Zeit des »Honigmondes« macht man sich noch keine großen Gedanken über gleiche Weltvorstellungen, Neigungen und Interessen. Sobald sich dann im normalen Alltag markante Unterschiede in Meinungen zu Lebenszielen, Tätigkeiten, Freundeskontakten und Hobbys einstellen und notwendige Kompromiss-Bereitschaften fehlen, kommt es zum Bruch des zu schnellen Zweisamkeitsentscheides. Sind dann eventuell auch schon Kinder vorhanden, die dann mit einem dafür bestimmten »alleinerziehenden Elternteil« oder gar in einem separaten Kinder- und Jugendheim aufwachsen, schließt sich ein »Teufelskreis«.

Dieser kann nur durchbrochen werden, wenn:

die daraus wachsenden Jugendlichen ein Wissen um den wahren
christlichen Sinn, das Ziel des menschlichen Lebens, und darin den
hohen Wert einer sorgfältigen Vorbereitung zu einer zukünftigen
Familienplanung erhalten.
Dabei geht es auch um eine gesunde Einstellung zur Sexualität, damit
diese nicht auf Grund eines »Verliebtseins« zu vorzeitiger Bindung
führt.
Den Kindern bzw. Jugendlichen dieses Wissen zu vermitteln ist eine
der wichtigsten Erziehungs-Aufgaben der Eltern, und aber auch der
Grundschule. Speziell dort, wo sich die Eltern selbst nicht für diese
Pflichten interessieren, auch zu Sexualthemen eine »Tabuhaltung«
zeigen, ist die eingehende Behandlung dieser Themen gerade in der
Grundschule ein wichtiges Fachprogramm.
Und dass dazu die allgemeine Gesellschaft die notwendigen
Programme zur Verfügung stellt, die für die Kinder bei den
erwähnten unglücklichen Familiensituationen dann fehlende
familiäre Geborgenheit mit in Nächstenliebe geprägter Hilfe geboten
wird, und darin eine Haltung für bessere Lebensvorstellungen und
Verhaltensbildungen erreicht wird, indem die Jugendlichen Fähigkeiten
entwickeln können für verständnisvolle, tolerante Konfliktlösungen im
menschlichen Zusammenleben.
Zur Realisierung solcher geeigneten Mittel braucht es vor allem dazu
fähige Mitmenschen und den dabei notwendigen Kostenaufwand.
Derart berufene Mitmenschen müssen natürlich selbst den wahren
christlichen Sinn und das Ziel des menschlichen Daseins kennen.

Erwachsene, welche eine solche Tätigkeit nur unter der Erwartung
eines finanziell lukrativen Jobs oder Karriere versprechenden Berufes
anstreben, eignen sich nicht dazu.

Hier ist »Berufung« gefragt
und nicht »Beruf«!

Sieht man sich aber die in der Schule gebotenen Fächer an, so findet man nur in sehr seltenen Fällen solche Fachinhalte. Warum dies? – Wären es doch wichtigste Grundlagen einer intakten, gesunden Gesellschaft.

Die Fachauswahl in der Volksschule richtet sich hauptsächlich nach Fertigkeiten, welche im späteren Berufs- und Erwerbsleben gefragt sind.

So richten sich zugehörige Fachgremien, wie Schulbehörden, nach den beruflichen Fertigkeitsbedürfnissen der Industrie. Es geht um Wirtschaftsinteressen, um Produktivität, Erhöhung von Geschäftsumsatz und Gewinnen, und grundsätzlich um Steigerungen des Komforts von Lebenshaushalt und Wohngestaltung.

Geld ist hier nicht das regierende Element, sondern zwischen beruflicher Leistung und Komforterwerb lediglich das wertvergleichende Tauschmittel. Fächer über Menschlichkeit, Sittlichkeit und Moral sind nicht vorgegeben.

Johann Heinrich Pestalozzi (1746 bis 1827) lebte und empfahl eine Volksschule mit ethisch wertvollen Erziehungsinhalten zu Menschlichkeit und Moral.

Als Voraussetzung einer Volksschule nennt Pestalozzi:
»Wie wichtig ist das, was aller Unterricht den Kindern geben kann, wenn die Erziehung nicht mithilft, dass die Kinder innerlich und äußerlich kraftvoll das werden, was sie sollen und sich das einüben und gleichsam zur andern Natur machen, was recht und gut ist und ihnen durch ihr Leben wichtig ist?«

Was aber regiert heute in falscher Richtung?
Es ist hier vorwiegend eine Lebensforderung von einem nur sorgen-
und problemlosen, aber lust- und freudenbetonten Leben.

Zum Thema von Familien, in denen sich über längere Zeiten ein Klima
der Geborgenheit findet.

Glücklich jene Paare, bei jenen sich, über genug lange Zeit angepasst,
gleiche Lebensvorstellungen, Interessen und Kompromissbereitschaften
einfinden, gemäß dem wahren Sprichwort:

»Drum prüfe, wer sich ewig bindet, ob sich das Herz zum Herzen
findet.«

Dieses oben erwähnte positive Vorgehen trifft leider zu wenig zu.
Der prozentuale Anteil der Scheidungen nimmt laufend zu.
Und die Schweiz ist eines der Länder mit Höchst-Prozentanteilen von
Scheidungen.

Jeder Mensch ein Unikat

Zu beiden Fällen von Familiengründungen darf festgehalten werden,
dass jedes Kind derselben, jeder in diese Welt hineingeborene Mensch,
ein »Unikat« ist. Es gibt nie zwei absolut gleiche Menschen, höchstens
ähnliche.
Bei Geschwistern ist jedes in ihren Fähigkeiten und Charakteren
wieder anders, auch bei genau gleichen Kinds-, Jugendzeiten und
Umwelterlebnissen.

Dies entspricht der unterschiedlichen geistigen Entwicklung aus ihrer vorgeburtlichen Zeit und ihren Herkunfts-Bereichen.

Die mögliche Entwicklung eines neu in unsere Menschheit hineingeborenen »Mitglieds«
hängt somit von zwei Dingen ab.

Einerseits von der mit in unsere Welt mitgebrachten ethisch seelischen Entwicklung und andererseits von den erzieherischen Fähigkeiten der Eltern bzw. der Umwelt ihrer Jugendzeit.

Dazu definiert unsere große Psychologin Maria Montessori:

>*»Alle unsere Irrtümer übertragen wir auf*
unsere Kinder, in denen sie
untilgbare Spuren hinterlassen.«

Anders ist es auch möglich, dass Kinder aus zerrütteten Familien zu äußerst positiv vorbildlichen Menschen heranwachsen, und sich andererseits solche aus sehr geordneten Familien-Verhältnissen zu teils chaotischen oder gar verbrecherischen Volksmitgliedern entwickeln.

Durch beide dieser Menschen von so festgehalten unterschiedlichen Lebensverhalten werden die erfreulichen wie die unerfreulichen Geschehnisse in unserer Welt geprägt.

Schon in der kleinsten Einheit des gesellschaftlichen Zusammenlebens, der Familie, zeigen sich Zwiespalte z. B. unter ihren Kindern.

Neid ist dabei der erste Widersacher; er zeigt sich, wenn sich eines von zwei Geschwistern benachteiligt fühlt, weil das andere, als intelligenteres, bessere Erfolge hat in der Schule; oder etwas besitzt, was es selbst nicht hat.

Dieses Gefühl der Benachteiligung geht einher mit der Ansicht von Ungerechtigkeit.

Der Drang, dies selbst auszugleichen, führt vielleicht gar zu gewaltsamer Handlung, wie z. B. durch Diebstahl; in späteren Jahren manchmal sogar begleitet von Mordhandlung.

Neid war schon die charakterliche Untugend, und so **regierend**, bereits zu Beginn der Menschheit, als Kain seinen Bruder Abel erschlug (1. Mose 4/8).

So stellen wir uns hier die eingangs gestellte Frage:

»Wer regiert dabei diese Welt?«

Hier regieren Neid, allgemeines **Besitztum-Streben, Diebstahl und Aneignungsgewalt.**

———————

- <u>Kar.</u> Persönliches **Karrierestreben in Sport,**
  Beruf und Wirtschaft.

Wie oben im Themenabschnitt »Familie« (Fam.) schon erwähnt, hängt die Verhaltensentwicklung von Kindern einerseits von dem in dieses Leben mitgebrachten Geistesstand und andererseits vom erzieherischen Einfluss der Eltern und des Umfeldes ab.

In vielen Fällen neigen Jugendliche zu falschem Ehrgeizverhalten. Dies wird auch gefördert durch das erfolgsmessende Schul-Notensystem. Schüler mit guten Schulnoten sind gegenüber andern speziell gelobt oder gar in einer Art belohnt.
Es ist schon ein gesunder Ehrgeiz, beim Willen, vorgegebene wertvolle Lebensaufgaben seriös und lückenlos zu erfüllen.
Dies ist auch das Ziel von Erziehung und die Empfehlung von Heinrich Pestalozzi.

Sehr ausgeprägt zeigt sich ein falscher Ehrgeiz dann einerseits im Sport und andererseits im späteren Erwerbs- und Berufsleben. Im Interesse eines allgemein gesunden Volkssportes enthält das Schulprogramm auch das Fach Sport. Erfahren Jugendliche im Sport gute Fähigkeiten, neigen sehr ehrgeizig Veranlagte darin zu möglichen Höchstleistungen und Sportkarriere, um damit öffentliche Anerkennung und Auszeichnungen zu erreichen.
Sport wird dann zum »Spitzensport«.
Dabei geht es im Allgemeinen nicht mehr um gesunden Volkssport.

Der Philosoph Bertolt Brecht sagt dazu:

»Der große Sport fängt da an,
wo er aufgehört hat gesund zu sein.«

Oder eine andere Wahrheit:

»Sport: eine Methode,
Krankheiten durch Unfälle zu ersetzen.«

Die Anzahl Unfälle im sogenannten Spitzensport steigt stets an; sie
sind für die Gesellschaft eine enorme Kosten-Belastung.

Sehr unfallreich ist dabei speziell der Fußballsport.
Es vergeht kaum ein Spiel, in dem nicht mindestens ein Spieler mit
Verletzungen vom Platz geht, respektive frühzeitig gehen muss. So
spannend ist dieser Sport für die dies erwartenden Zuschauer.
Ebenfalls sehr unfallreich sind Motorradrennen, sowie im Wintersport
die Snowboard-Wettkämpfe mit risikoreichen Salto- und Drehsprüngen
wie »Halfpipe«, Cross-Abfahrten, Schanzen-Kunstspringen und
Parallelslalom.

Die beiden eingangs genannten Fälle von übertriebenem Ehrgeiz
führen nicht zu wertvollen Aufgaben in unserer Gesellschaft, sondern
lediglich zu persönlichem Leistungserfolg und erhofftem Jubel ihrer
Sensation suchenden Fans.

Die Fans und Zuschauenden von Wettkampfdurchführungen
im Spitzensport suchen meist solche Anlässe, weil diese überaus
unfallgefährlich, spannungsgeladen über die Runden gehen.
Dies prägt auch die, durch die zuständigen Olympiade-Abgeordneten
bestimmte, Auslese der zu den Olympiade-Wettkämpfen zugelassenen
Spitzensportler.
Es ist eine Art von mit Sensationen geprägter Unterhaltung.

»Sport: Opium für das Volk« *Percy Clummings*

Wo liegt denn nun hier der »**regierende**« Einfluss?

Die Ursache liegt nicht im Geld, sondern in der Lust nach allgemeiner Unterhaltung, speziell spannungsgeladener, risikoreicher Wettkampfanlässe.

Geld ist hier wiederum nur das Tauschmittel zwischen Anlasseintritt und Zuschauer-Berechtigung.

Im **Karrierestreben** im späteren Berufsleben, oder in der Politik, geht es oft nicht nur um höhere **Anstellungs- oder Amts-Löhne**, sondern oft um angemessenere Einsatzmöglichkeiten bei fachberuflich besserer Ausbildung; aber auch um ein Erreichen einer Jobposition mit erhöhten Entscheidungsrechten, bzw. Machtbefugnissen.

Die zum Teil dabei gleichzeitig beziehbaren hohen Manager- oder Amtsentgelte entsprechen aber meist nicht einer Notwendigkeit dessen Lebenshaushaltes.

Im Geschäftsleben geht es um Möglichkeiten eines Lebens in erhöhtem Luxus, mit teuren Autos, persönlicher Befriedigung von Chancen zur Erhöhung des persönlichen Vermögens, sei es mit Immobilien, Land oder Wertschriften.
Die Grundursache solcher Bestrebung ist materialistisches Denken.
Es ist grundsätzlich nicht verschuldet durch unser gesellschaftliches Finanzsystem, sondern infolge rein geistig krankhaften Besitztum-Denkens.

- <u>Int.</u> Die unterschiedlichen und **gegengesetzlichen Interessen in politischen Parteien, religiösen Glaubenskreisen und andern verschiedenen Gemeinschaften.**

Die *politischen Parteien* unterscheiden sich in der Hauptsache in ihren Zielen von Vorteilen bei staatspolitischen Gesetzgebungen. Die einen verteidigen dabei grundsätzlich den Status ihres Vermögens- und Lebenskomforts. Im Gegensatz dazu kämpft eine andere Partei um Verbesserung ihres Lebensstandes und gegen zunehmende Verarmung gewisser Volksschichten.

Andererseits kämpft die eine Partei für den Erhalt persönlicher Freiheiten und gegen vermehrte Gesetze; eine andere für mehr gesetzlichen Schutz vor Willkür anderer eigener persönlicher Interessen.

Dabei geht es meist um Machtkampf über Gesellschafts-Vorteile, mit erheblichem politischem Gerangel und übertriebenen Werbungen, mit Ansagen von Vor- und Nachteilen bei vorliegenden Sachvorlagen. Grundsätzlich geht es dabei direkt oder indirekt um unterschiedliche Vorstellungen, und Anschauungen des Maßes von Lebensqualität, persönlicher Entfaltungs-Möglichkeit und sozialer Sicherheit. Geld spielt dabei nur eine Rolle als Mittel; Akteure sind Menschen mit vorwiegenden Eigennutz-Interessen und Distanzierungsverhalten gegenüber berechtigten Ansprüchen von Mitmenschen.

Die religiösen Glaubenskreise

Man wäre maßlos überfordert, wollte man auf die unzähligen auf unserer Welt vorhandenen Glaubenskreise und die zugehörigen Weltreligionen eingehen.

So soll sich dieser Themenkreis auf diejenigen Glaubensinhalte beschränken, welche die beiden Testamente unserer allgemein verbreiteten Bibel betreffen.

Lieber Leser, allein schon das ist auf Grund der Vielfalt der davon ausgehenden Glaubenskreise ein Wagnis, ein sehr heikles Thema, da viele unserer Leserschaft jeweils einem dieser Glaubenskreise angehören.

Gemäß Erhebungen im Jahre 2000 gibt es in der Schweiz 200 000 bis 250 000 Mitglieder von Freikirchen, und weitere zirka 100 000 Mitglieder von christlichen Sondergruppen, wie den Zeugen Jehovas, den Mormonen, der Neuapostolischen Kirche und ähnlichen.

Ich wage es trotzdem, da ich mich, in den vielen Jahren meines Lebens, konfessionell unabhängig, mit wichtigsten christlichen Glaubensinhalten befassen konnte.

Zu näheren Erklärungen dazu muss ich hier etwas ausholen.

Wir müssen versuchen uns einzufühlen in den Beginn, die Anfangszeiten und Entwicklung des Christentums. Hier angeführte Inhalte der biblischen Geschichte können Sie mit Hilfe von dazu vorhandenen Konkordanzen finden.

Die Geburtsstätte des Christentums war Judäa in Palästina, im Speziellen die Stadt und Region von Jerusalem.

Meine hier weiteren Erläuterungen mögen vielleicht religionsabweisende Leser nicht interessieren. Denn diese Erläuterungen dienen dem Verständnis der weiteren hier angeführten

Religionsgeschichte, und der dabei entstandenen enorm großen Anzahl christlicher Glaubenskreise mit jeweils religiös unterschiedlich gepredigten Bibelauslegungen.

Solche Leser können den nächsten Abschnitt bis zur nächsten Doppel-Leerzeile übergehen.

Palästina war die Lebens- und Offenbarungszeit Christi, in der er laufend vielerorts öffentlich zu den Menschen sprach. In seinen Predigten versuchte Christus den Menschen so gut als möglich die Heilslehren der früheren Propheten eingehend zu erklären, und über seine Aufgabe als von Gott gesandter, und vom jüdischen Volk erwarteter, Messias zu orientieren.

Seine damaligen Zuhörer waren in der Mehrzahl einfachste Menschen, ohne jegliche schulische Bildung. Er wusste ja, dass vieles seiner Offenbarungen und Lehren nicht voll verstanden werden konnte. Deshalb musste er manches in Gleichnissen erklären. Damit seine Lehren, Botschaft und Offenbarungen auch nach seinem Tode zu allen Menschen Verbreitung und eingehendes Verständnis finden konnten, versprach Christus, vor seiner Auffahrt zurück zu seinem Vater im Himmel, er werde den Jüngern und den Menschen der weiteren Zukunft

»den Geist der Wahrheit«

senden.

Wir kennen den Anfang der Erfüllung dieses Versprechens anlässlich des »Pfingstgeschehens«.

Auch nach dem Tode von Christus versammelten sich die Jünger Jesu regelmäßig zum gemeinsamen Gebet, wie auch dem »Vater unser«, wie Christus sie gelehrt hatte. Im Laufe der Zeit kamen auch weitere Christgläubige dazu; der Kreis der Jünger wuchs. An einer dieser Gebets-Zusammenkünfte ereignete sich das, als Beginn der Erfüllung der von Christus angekündigten Sendung des »Geistes der Wahrheit«, in der Bibel festgehaltene Pfingstgeschehen.

Dies war möglich, weil Jünger Jesu die medialen Gaben besaßen, diese geistigen Botschaften und Belehrungen im Kreise des Gebetskreises zu empfangen.

Diese Botschaften sowie auch Erinnerungen aus der Lebenszeit Christi wurden sorgsam niedergeschrieben.

Die Anzahl von Christgläubigen nahm weiter zu.

Später wurde sie zur Staatskirche erklärt, und Staatsoberhäupter wurden Mitglieder dieser Kirche.

In den anfangs empfangenen geistigen Belehrungen wurde auch gegen falsches Tun von Mitgliedern gemahnt, was speziell damit angesprochenen Staatsoberhäuptern gar nicht genehm war.

Diese übernahmen das Zepter in diesen christlichen Kreisen, erhoben sich selbst zu Bischöfen, verboten die bisherigen medialen Durchgaben, bestimmten selbst, was Wahrheit sein sollte, und änderten nach eigener Willkür vorhandene Niederschriften. Mitglieder mit medialen Gaben wurden verfolgt und ausgewiesen, zum Teil umgebracht.

Diese Vorkommnisse hatten mit Geld direkt nichts zu tun; sie dienten aber deren Interessen, ihre laufend eigennützigen, moralisch zu verurteilenden Handlungen zu vertuschen und, unter dem Titel ihrer selbst ernannten »Heiligkeit«, weiter zu praktizieren.

———————

Diese geänderten Urschriften und ihre oft auch nicht sinngemäßen Übersetzungen in andere Sprachen sind die Grundlagen der heute anerkannten Bibelausgaben.

Das seit Jahrhunderten verbliebene Verbot von Botschaften durch
»Den Geist der Wahrheit«
und die darin teilweise fehlenden, oder geänderten, Bibelinhalte sind die Ursachen der heutigen Irrlehren – Auslegungen von Bibeltexten und den vielen unterschiedlichen christlichen Glaubensgemeinschaften.

Diese oben ausführlich aufgezeigte Entwicklung des Christentums ist notwendig für das Verständnis der heutigen konfessionellen Krisensituation.
Mit Kenntnissen dieser geschichtlichen Geschehnisse versteht man die heutige Glaubenskrise im Christentum mit den zunehmenden Austritten aus der althergebrachten Landeskirche.

Durch die nach dem Mittelalter stets zunehmende Freiheit des Denkens und der Reformations-Bestrebungen sind auch Verbote von Medialitäten nicht mehr möglich. Schriften könnten zwar immer verfälscht werden; doch direkt medial göttlich getragene Belehrungen und Offenbarungen nicht.
Aber die christlichen Kirchen halten nun an ihren in den vergangenen Jahrhunderten der christlichen Bevölkerung eigens theologisch aufgebauten Glaubenslehren fest.

Diese vermissen, weil in den ersten Jahrhunderten des Christentums willkürlich gestrichen oder geändert, und später teilweise sprachlich anders verständlich übersetzt, viele wichtigste, früher vorhandene Botschaften, Orientierungen, Belehrungen und Hinweise. Dabei sind auch Irrlehren und widersprüchliche Textinhalte entstanden.

Aber Gott hat dem Menschen nebst je eigens seelisch fühlender Kontaktmöglichkeit auch einen Verstand und ein Denkvermögen gegeben. Damit hat der Christ die Möglichkeit mit den in der Bibel noch enthaltenen Inhalten viele wichtige Grundwahrheiten zu erkennen.

Viele der Christen, welche unglaubwürdige Bibelaussagen und Predigten realisieren und erkennen, und über die tieferen Ursachen der Menschschaffung keine Hinweise finden, treten aus der konfessionellen Landeskirche aus. In vielen Fällen schließen sie sich dann einer der dadurch entstandenen neuen Glaubensgemeinschaften an, die ihnen gemäß ihrer Erwartung mehr Wahrheiten und bessere Schriftauslegungen versprechen.

Der Mensch, dem sein Verstand und Denkvermögen viel wert ist, wird erkennen, dass bei all dieser Vielzahl von Religionskreisen, mit ihren gegensätzlichen Auslegungen der Schriften (Bibel), generell etwas grundlegend falsch sein muss.

Wie oben schon erwähnt, können Schriften gefälscht sein, deren geistige Herkunft aber nicht. Dafür, dass diese Erkenntnis allgemein noch nicht durchbrechen kann, sind folgende heutige Einflüsse verantwortlich:

- Die, wie oben geschildert, seit vielen Jahrhunderten durch die kirchlichen Oberhäupter fest postulierten, nur unter großen Schwierigkeiten und kirchlichen Nachteilen zu berichtigenden falschen Glaubenssätze.
- Die traditionelle Überlieferung, dass Anzweiflungen von der Kirche verkündeter Glaubenssätze einmal vom Himmel schwer bestraft würden.

  Auch in diesen Machtauswirkungen spielt primär nicht das Geld eine ursächliche Rolle, sondern die **Verfälschungen wichtigster Belehrungen und Offenbarungen** des von Christus gesandten »Heiligen Geistes«, im Urchristentum, durch selbst ernannte Kirchengewaltige, wie Priester und Bischöfe.

- **Ver.** Stets tägliche Verbrechen, Kriminelles und Gewalt verschiedenster Art.

Über die Medien, Zeitung, Radio, Fernsehen, beanspruchen Meldungen über die täglich vorkommenden Verbrechen verschiedenster Art den weitaus größten Prozentanteil aller Berichte.
Wir leben in dieser Dichte von laufend unglücklichen, ja folgenschweren Geschehnissen.

Wo liegen die Gründe und Ursachen?

Die Verursacher sind wir Menschen, bzw. jeweils ein Teil davon.
Im ersten Kapitel, oben, unter dem Titel »Familie«, ist schon darauf eingegangen worden, dass die unterschiedlichen Lebensverhalten von Menschen, sowohl die erfreulichen wie die unerfreulichen Geschehnisse, unsere Welt prägen.

Das heißt, dass hier primär nicht das Geld, sondern die noch tiefere geistige Entwicklung von Menschen regiert. Und dabei gestaltet sich das Leben auf unserer irdischen Welt als eine Schule.

Darin lernt der Mensch auch dadurch, dass er die leidvollen Auswirkungen falschen Tuns im Leben an sich selbst erfährt.
Es ist dies ein göttlich zugelassenes Gesetz, weil meist nur das hilft, Notwendiges dauerhaft zu lernen.

Man kann dazu vergleichsweise ein Kind nennen, das trotz Mahnung der Eltern, nicht auf die Herdplatte zu greifen, sich die Finger verbrennt.

Die unterschiedlichen seelisch-geistigen Entwicklungen, mit denen ein Mensch in dieses Erdenleben gesandt wird, sind maßgebend, in welche irdische Umgebung bzw. welches schicksalsbehaftete Landesgebiet, sprich »Schulklasse«, man hineingeboren wird. Wie es in der Volksschule eine erste Klasse für Noch-Analphabeten gibt, beinhaltet der jedem Menschen vorgezeichnete Lebenslauf die optimal angepasste Lebens-Lernschule. So lebt er in einem gesellschaftlichen Umfeld, das seiner geistigen Entwicklung und notwendigen Lernprozessen entspricht. Er lebt also mit Menschen ähnlicher geistigen Entwicklung, und in einem Erlebnisraum, der je nachdem von möglichen **Verbrechen**, Kriminellem und Gewalten verschiedenster Art gezeichnet ist.

Dieser Lernprozess ist im Normalfalle ein sehr langer, oft sehr beschwerlicher, manchmal gar leidvoller Entwicklungsweg, und führt analog einem Vergleich zur Volksschule über mehrere Stufen (Schulklassen), das heißt mehrmalige Menschenleben.

Darüber orientiert auch die Bibel über das »Wiedergeborenwerden«.

Eingehend über das »Warum« dieses Sachverhaltens zu diskutieren würde hier in diesem Rahmen zu weit führen; *das wäre ein umfangreiches Lehrbuch.*

Entsprechende Literatur darüber ist zu finden.

Sich über diese Themen zu informieren ist ein Studium für sich, benötigt ausdauerndes Interesse und Zeitaufwand. Im Anhang dieses Buches kann auch kurz ein Hinweis dazu gegeben werden.

———————

- **Pro.** Gesetzeswidrige und falsche Tatsachen vorspiegelnde

Produkte-Verkaufswerbungen

Das Fernsehen bringt, die normalen Schauprogramme regelmäßig unterbrechend, Produkte-Verkaufswerbungen. Dabei werden die Produkte übertrieben mit allen möglichen provozierenden Werbemitteln in allen Teilen als nur vorzüglich angepriesen; eventuelle nachteilige Aspekte werden verschwiegen. Offensichtliche Werbeübertreibungen verleiten, solche Sendekanäle als »Lügenportale« zu bezeichnen.

Die vielen Herstellungstricks der Lebensmittel-Industrie, die die angewendeten artfremden Herstellungsmaterialien verschweigen, sind enorm.

Diese Art von übertreibenden Verkaufswerbungen und Vertuschen artfremder Herstellungsverfahren ist leider allgemein in fast allen Bereichen vom Vertriebs-Vorgehen üblich.

Es ist schon äußerst bedenklich, eine solche praktisch

<u>**allgemein gehaltene,
moralisch nicht haltbare Praxis des Handels**</u>

feststellen zu müssen.

———————————

- **Kri.** Laufende **Kriege** in und zwischen Nationen.

Aus politisch führenden Kreisen, oder durch ein populäres Mitglied eines Gesinnungs-Bundes, kann sich in einem bisher nicht gut demokratisch regierten Staat oft auch eine starke Persönlichkeit zum allein zuständig gewählten Führer hervorheben.
Waren dabei Andere, die eine solche Führung anstrebten, kann sich daraus im Nachgang eine gefährliche, politische **Macht anstrebende** Opposition entwickeln, die im Lande zu revolutionären Zuständen ausartet, und gar zu kriegerischen Auseinandersetzungen führt.

Werden innerhalb eines Staates Schichten des Volkes von Machthabern zu sehr ausgenutzt, oder dazu gar mit Waffengewalt unterdrückt, kann es zu einer Staatsrevolution kommen.
Unsere Weltgeschichte kennt zur Genüge solche Geschehnisse.

Siehe auch das unten im Abschnitt **Men. »Menschenrechte,** *ASYL UND MIGRATION«* angeführte Beispiel »Zweiter Weltkrieg«.

Landesgrenzen sind erst im Verlaufe der verschiedenen Bevölkerungsentwicklungen entstanden, beziehungsweise beansprucht worden.
Besitzt ein Land zum Beispiel innerhalb seiner Landesgrenzen wertvolle Bodenschätze, die z. B. das angrenzende Land für seine industriellen Bedürfnisse ebenfalls benötigt, oder überaus fruchtbare Pflanzgebiete, kann es zu Grenzstreitigkeiten mit Kriegshandlungen kommen.
Solche Rechtsstreitigkeiten könnten vermieden werden, wenn die betreffenden Staatsregierungen, oder deren Völker, zu freundschaftlichen Beteiligungsvereinbarungen kommen würden.
Hier geht es also wieder um Fähigkeiten von Teilungsbereitschaften.
Grundsätzlich gehört unsere Erde allen irdischen Erdbewohnern.

- <u>Men.</u> **Menschenrechts-Verletzungen**
  (siehe auch unter Amnesty International)

Satzung: *ASYL UND MIGRATION*

Seit dem Zweiten Weltkrieg waren noch nie so viele Menschen weltweit auf der Flucht. Sie fliehen vor Gewalt, Hunger und Elend. Doch Europa macht die Grenzen dicht und stiehlt sich aus seiner Verpflichtung.

Anmerkung: Auch in Europa, dem mehrheitlich von sogenannten Christen bewohnten Kontinent, sollte die Forderung »Der Stärkere hilft dem Schwächeren« eine Selbstverständlichkeit sein.
Das ist primär eine Angelegenheit der Moral, nicht des Geldes!

Satzung: *FOLTER*

Weltweit verbreitet: Obwohl das Verbot der Folter ein Menschenrecht ist, das absolut und ohne Ausnahme gilt, wird heute in den meisten Ländern gefoltert.
Amnesty setzt sich seit über fünfzig Jahren gegen Folter und Misshandlung ein.

Anmerkung: Diese heute noch weltweit praktizierte Ausführung von Folterung zeigt, mit ihrer Neigung zu schrecklichster Brutalität, leider eine allgemein noch sehr verbreitete, seelisch enorm niedrige, geistige Entwicklung unserer Gesellschaft.

Ägypten soll seine Häftlinge systematisch *foltern* –
mit Methoden wie im Mittelalter.
Ein neuer Bericht dokumentiert schwerste Misshandlungen und brutale Folterpraktiken in ägyptischen Gefängnissen.

Satzung: *FRAUENRECHTE SIND MENSCHENRECHTE*

Jeden Tag, in jedem Land, unabhängig von Religion oder Kultur erleiden Frauen und Mädchen Menschenrechtsverletzungen aufgrund ihres Geschlechts. Dagegen setzt sich Amnesty International mit Kampagnen und Aktionen ein.

Anmerkung: In vielen Teilen der Welt sind Frauen gegenüber Männern benachteiligt. Sie werden ausgenutzt, eingeschränkt oder Opfer von Gewalt.

Häusliche Gewalt gegen Frauen ist ein großes weltweites Problem; also Gewalt, die zuhause in der Familie stattfindet. In neun von zehn Fällen sind die Opfer Frauen.
Und dann sind häufig auch die Kinder betroffen.
Nicht nur körperliche Gewalt spielt eine Rolle.
Wird jemand aufgrund seines Geschlechts abwertend behandelt, nennt man das **Sexismus.**
Veraltete Ansichten und Vorurteile sorgen beispielsweise dafür, dass Frauen manchmal immer noch »nur« als Hausfrau und Mutter gesehen werden. Auch Werbung ist oft sexistisch geprägt. In vielen TV-Spots oder auf Reklametafeln werden Frauen als Objekte (Gegenstände) betrachtet.

In vielen Berufen ist es so, dass Frauen bis zu 20 Prozent weniger Geld verdienen als Männer in derselben Position.

Frauenhandel

Ein noch größeres Problem ist der Frauenhandel. Dabei wird die Frau als Ware angesehen und verkauft. Häufig betrifft das osteuropäische Frauen, die in ärmlichen Verhältnissen leben. In der Hoffnung auf ein besseres Leben lassen sie sich auf fragwürdige Geschäfte ein.

Sie werden dann beispielsweise nach Deutschland geschmuggelt, wo sie ausgebeutet und benutzt werden. Es geht ihnen dann noch schlechter als in ihrer Heimat. Sie haben keine Chance, von selbst aus dieser Situation herauszukommen.

Die Organisation »Terre des Femmes« bezeichnet den Frauenhandel als moderne Form der Sklaverei.

Traditionelle Probleme
Beschneidung bei Frauen
Viele Probleme haben einen traditionellen Hintergrund. Es wird also etwas einfach deshalb gemacht, weil es schon immer Brauch ist oder weil die Religion es vorschreibt. Ein Beispiel dafür ist die Beschneidung von Frauen und Mädchen, die in einigen Teilen Afrikas und Asiens durchgeführt wird. Dieser Vorgang ist sehr schmerzhaft und verursacht körperliche und oft auch seelische Schäden.

Die Beschneidung von Mädchen kann sogar zum Tod führen, da sie meistens nicht von Ärzten ausgeführt wird. Weltweit sind laut der Menschenrechtsorganisation UNICEF bis zu 140 Millionen Frauen durch eine Beschneidung verstümmelt. Jeden Tag werden mehr als 8 000 Mädchen beschnitten.

Zwangsheirat
In einigen kulturellen Gruppen ist die Zwangsheirat ein großes Problem. Dabei suchen die Eltern ihrer Tochter einen (meist viel älteren) Mann aus, den diese dann heiraten muss. In vielen Fällen werden »Frauen« verheiratet, wenn sie eigentlich noch Kinder sind. Dies ist unter anderem in der **islamischen Welt** Brauch, in Teilen Südamerikas und in Teilen Afrikas.

Ehrenmorde
Ein weiteres, traditionelles Problem sind die Verbrechen aufgrund der Ehre, wie sie in vielen Religionen üblich sind. Eine Tochter darf

der Familie keine Schande bereiten. Sie muss heiraten, wen die Eltern ausgesucht haben und darf sich nicht einfach mit anderen Männern treffen.

Widersetzt sich ein Mädchen, so »muss« diese Schandtat gesühnt werden. Nicht selten werden Frauen in islamistischen Kreisen von Familienmitgliedern für solche »Taten« umgebracht oder in den Selbstmord getrieben.

Benachteiligung von Mädchen:
In vielen Teilen der Welt gelten Mädchen und Frauen weniger als Jungen und Männer und werden benachteiligt. Sie erfahren beispielsweise weniger Bildung als Jungen. Fast 65 Prozent aller Analphabeten, also Menschen, die weder lesen noch schreiben können, sind weiblich. Bildung ist aber der beste Schutz für Mädchen vor Kinderhochzeit und Ausbeutung. Gebildete Frauen heiraten meistens später, haben weniger und dafür gesündere Kinder und sind besser aufgeklärt.

Satzung: *ÜBERWACHUNG*

Das Recht auf Privatsphäre ist ein wichtiges Menschenrecht, für dessen Schutz sich Amnesty einsetzt. Bei jeder Überwachung müssen Staaten die Privatsphäre respektieren. Überwachung ist nur dann rechtmäßig, wenn sie gezielt, begründet und verhältnismäßig ist. Viele Staaten setzen bei der Terrorbekämpfung auf verdachtsunabhängige Massenüberwachung, auch wenn diese nicht zulässig ist.

Anmerkung:
Risiken der Personenüberwachung: Hauptrisiko der Überwachung ist, dass der Besitzer der bei Überwachung gewonnenen Daten nicht der Eigentümer der Daten ist, und dieser keine Kontrolle über die Daten besitzt. Die bei der Überwachung anfallenden Daten werden

gegebenenfalls ohne Zustimmung zweckentfremdet, verfälscht oder gezielt missbraucht.

Solange die Begriffe Datensicherheit und Datenschutz in den betreffenden Gesetzen zufällig verwendet werden, ist keine Klarheit zu erwarten. Zudem ist aus Gründen tradierten staatlichen Gewaltverständnisses das Eigentum an Personendaten nicht allgemein und selbstständig definiert.

Häufig kommen Irrtümer und Fehlentscheidungen infolge falscher, falsch gelesener oder falsch interpretierter Daten vor. Gefährlich erscheint vielen der mit (angenommener oder tatsächlicher) Überwachung einhergehende Anpassungsdruck.

Satzung: *TODESSTRAFE*

Jedes Jahr werden weltweit mehrere Tausend Menschen hingerichtet. Die Todesstrafe ist eine vorsätzliche Tötung von Menschen durch den Staat. Sie verstößt gegen das Recht auf Leben und gegen das Verbot der Folter.

Amnesty setzt sich für eine Welt ohne Todesstrafe ein.

Anmerkung: Nationale Gesetze, durch welche die Todesstrafe noch praktiziert wird, vermissen vor allem das Wissen um den wahren Sinn des menschlichen Lebens.

Das heißt, dass es eine Pflicht jeglichen positiven religiösen Glaubens wäre, Verbrechern während der Zeit, in der die Bevölkerung durch Verwahrung derselben geschützt werden muss, mit speziellen ethischen Schulungsprogrammen eine positive Änderung ihrer bösartigen verbrecherischen Ansinnen zu ermöglichen.

Dies auch nach dem pflichtgemäßen Motto:

»Der Stärkere hilft dem Schwächeren.«

Satzung: *WIRTSCHAFT UND MENSCHENRECHTE*

Heute haben Unternehmen dank der Globalisierung mehr Macht und Einfluss als je zuvor. Doch einige der transnationalen Unternehmen verletzen Menschenrechte, verschärfen die Armut oder belasten die Umwelt.

FALLBEISPIELE

In der **Elfenbeinküste:** Internationale Konzerne verletzen weltweit Menschenrechte mit Ölverschmutzung im Nigerdelta durch Shell, die Giftgaskatastrophe im indischen Bhopal, Giftmüll – auch Schweizer Unternehmen.

DEMOKRATISCHE REPUBLIK KONGO

Es ist dokumentiert, wie die Handelskette von Kobalt, zurückverfolgt bis zu den Minen, in denen Kinder – manche von ihnen sind erst sieben Jahre alt – und Erwachsene unter unmenschlichen Bedingungen arbeiten müssen. Kobalt wird vor allem für Lithium-Ionen-Batterien und Akkus in Smartphones und Batterien von Elektroautos verarbeitet. »Die Edel-Shops und innovativen Marketingkampagnen der Technologiekonzerne stehen im krassen Widerspruch zu dem Bild von Steine schleppenden Kindern und Minenarbeitern, die sich durch enge handgegrabene Schächte winden und dabei ihre Lungen ruinieren«, sagt Mark Dummett, Researcher für Wirtschaft und Menschenrechte bei Amnesty International.

ARBEIT FÜR MOBILTELEFONE UND ELEKTROAUTOS

Große Unternehmen der Elektronikbranche, darunter Apple, Samsung oder Sony, kontrollieren nicht, ob für ihre Produkte Kinder in Kobaltminen ausgebeutet werden.

Das stellen Amnesty International und Afrowatch in einem Bericht fest.

Anmerkung:

Es ist bekannt, dass in vielen Gebieten, z. B. ehemaligen Kolonialländern, deren Ureinwohner des Landes vertrieben werden, damit internationale Industriekonzerne dort im großen Stile Bodenschätze abbauen können.

Resultierende Erkenntnis über die einflussreichsten, mächtigsten Regierungskräfte unserer Erde

Neben den oben geschilderten Weltregierungsmächten zeigt unsere Geschichte aber auch **Hoffnung tragende, ethisch wertvollste, vorbildliche Lebenstätigkeiten** großer **Persönlichkeiten** unserer menschlichen Gesellschaft.

Dazu ist, wie unter dem Kapitel »**Fam.** Familien« aufgeführt, **Johann Heinrich Pestalozzi (1746 bis 1827)** zu nennen, der ein Waisenhaus für die damaligen Kriegswaisenkinder führte, und eine Volksschule mit ethisch wertvollen, zu Menschlichkeit und Moral führenden Erziehungsinhalten ins Leben rief.

Zu nennen ist auch zum oben genannten Thema »Kapitel **Kri.** Laufende
Kriege«,
Jean Henri Dunant (1828 bis 1910), Gründer des **Internationalen
Roten Kreuzes.**
Als Henri Dunant damals, unmittelbar nach der Schlacht von
Solferino, dieses Schlachtfeld und die vielen Verwundeten sah, war er
entsetzt über die Schrecken des Krieges und er schuf den Vorgänger
des Roten Kreuzes, um den verwundeten Soldaten zu helfen. Am 22.
August 1864 wurde das **Genfer Abkommen erreicht,** »*um das Schicksal
der Verwundeten in den Streitkräften zu verbessern*«. Sechzehn Staaten
haben die Konvention unterzeichnet und zwölf sind beigetreten.

Oder: **Mahatma Gandhi (die große Seele) (1869 bis 1948),**
zum oben genannten Thema Kapitel »**Kri.** Laufende **Kriege** in und
zwischen Nationen«,
befreit das indische Volk von der Unterdrückung durch die
Kolonialmacht Großbritannien. Durch von Gandhi gewaltlos
geführte Demonstrationen 1919 bis 1922 kommt es zu blutigen
Auseinandersetzungen, bei denen viele Menschen sterben. Innerhalb
seiner Beharrlichkeit zur Befreiung Indiens von der Kolonialmacht
kommt es öfters zur Inhaftierung Gandhis, während derer er mehrmals
in den Hungerstreik tritt, um zu büßen.
1947: Er hat sein Ziel erreicht, Indien wird unabhängig und in zwei
Länder getrennt: Indien / Pakistan.
30. Januar 1948: Mahatma Gandhi wird von einem religiösen
Extremisten getötet.

Im Weiteren: Albert Schweitzer – PHILOSOPH UND
MEDIZINMANN **(1875 BIS 1965)**
Er zeigt am ehesten ein anderslautendes Lebensziel als im oben
aufgeführten Kapitel
»Kar. Persönliches **Karrierestreben**« angeführt.

Eine Persönlichkeit, die nichts gab auf Karriere, obschon er mit seiner außerordentlichen Intelligenz und vielseitigen akademischen Berufsstudien mehr als berufen war.
Albert Schweitzer wollte Arzt in Afrika werden und gründete ein Krankenhaus in Lambaréné – Gabun. Einige Ärzte und Krankenschwestern halfen ihm dann in Lambaréné. Der Alltag war bestimmt von klösterlicher Disziplin und harter Arbeit. Leprapatienten, Schlafkranke, Tuberkulöse, Wöchnerinnen und viele andere mussten behandelt werden. Sie kamen zu Hunderten in das Spital.
Er wirkte »**wie ein Patriarch im Alten Testament**«.

Nelson Mandela (1918 bis 2013), afrikanischer Politiker, der sich trotz drohender Lebensgefahr ganz speziell gegen die Volksunterdrückung durch die damalige politische **Apartheidbewegung** einsetzte. Ein Beispiel zum Thema des Kapitels »<u>Int</u>. Die unterschiedlichen und **<u>gegengesetzlichen Interessen</u> politischer <u>Kräfte</u>«.**

Michail Sergejewitsch Gorbatschow (geb. 1931). Zum Thema »**<u>Kri.</u> Laufende Kriege«.** Er war von März 1985 bis August 1991 Generalsekretär des Zentralkomitees **der Kommunistischen Partei der Sowjetunion** (KPdSU) und von März 1990 bis Dezember 1991 Staatspräsident **der Sowjetunion.** Mit seinem Einfluss endete die russische Besetzung von Ostdeutschland und anschließend ermöglichte er, mit dem Fall der Trennmauer in Berlin, die **Wiedervereinigung** von Ost- und Westdeutschland.

Und es gibt dazu die vielen bescheidenen Mitmenschen, die im Stillen, im Kreise ihrer Verwandtschaft, Bekanntschaft und weiterer Kontakte, auf verschiedentliche Art Hilfe leisten.
Sie sind nicht öffentlich genannt, wollen dies gar nicht.

Obschon sie gegenüber der großen Masse von Menschen, die wie in den oben genannten Themen nur selbstbezogen materialistisch denken und handeln, sind die still positiv handelnden Mitmenschen in verschwindender Minderzahl.

Und nur auf Grund dieser bescheidenen Minderzahl geht unsere, von so viel Leid und Ungerechtigkeit gezeichnete, Welt nicht unter.

Sie sind das Vorbild für eine zukünftige, friedliche – wenn auch erst in zeitlich weitester Ferne – lebende Menschheit auf unserer Erde.

Die Gerechtigkeit mit der gegenseitig stets allseits positiv helfenden Gemeinschaft wird einst Sieger sein, denn die so unglücklichen und schlechten Handlungsweisen bringen so viel Sorgen und Leid in diese Welt, aus denen deren Verursacher, durch göttliche Fügung geleitet, schlussendlich einmal selbst leidend konsequenterweise nur Positives lernen werden.

Um diese Hoffnung zu verstehen, muss man sich einmal tiefere Gedanken über den stets folgenden zwingenden Ablauf unrechter Handlungen machen.

Da haben wir einmal das einfachste Beispiel eines Kindes, das sich mit den Fingern an der heißen Herdplatte die Finger verbrennt. Die vorhergehende Mahnung der Mutter hat dieses Malheur nicht verhindern können. Nur die eigens schmerzvolle Erfahrung hat das Kind belehrt.

So ist es »Gott sei Dank« im Großen so eingerichtet, dass der Mensch, uneinsichtig von Mahnungen, z. B. seines Gewissens, oder von weitsichtigeren Mitmenschen, in den meisten Fällen seines schlechten Tuns nur Besseres lernt, wenn er leidvolle Folgen solchen falschen Handelns an sich selbst erlebt.

Der Leser kann sich hier fragen: Wie soll das denn vor sich gehen, das heißt, möglich werden, wenn der Handelnde diese schlechten Folgen meist selbst gar nicht mehr miterlebt?

Ursache schlechten Handelns der Menschheit

Lieber Leser, ich schreibe dieses Buch in einem so genannten christlichen Lande.
Deshalb gestatten Sie mir, dass ich hier, unabhängig vom Inhalt Ihrer eigenen Glaubensbekenntnisse, auf Informationen der Bibel, oder auch anderer Zeugnisse, Bezug nehme.

Wir Christen wissen, dass wir Menschen alle Kinder Gottes sind; durch Gottvater ins Leben gerufen.
Die in vollendeter Weisheit von Gott gegebenen Gesetze basieren auf lückenloser gegenseitiger Achtung und Liebe, Bescheidenheit, Gerechtigkeit, absoluter Ehrlichkeit und Bewahrung alles durch Gott Erschaffenen. Deshalb hat Gott nie etwas Unreines ins Leben gerufen.
Und so wissen wir, dass Gott sicher nie parallel zur großen Geistigen Welt, der Engelswelt, selbst noch eine sündhafte Menschheit, wie oben in den Themen beschrieben, geschaffen hat.

Um den Zusammenhang zwischen der Schöpfung Gottes und unserer bestehenden Menschheit zu verstehen, müssen wir mit Hilfe der biblischen Informationen etwas weiter ausholen.
Denn die Bibel zeigt uns, warum es unsere Menschheit gibt, die durchwegs allgemein, und teils im großen Stil, gegen die göttlichen Gesetze verstößt, und warum jedes von uns in dieser Menschheit lebt.

Dass es sündhaft denkende und handelnde Menschen gibt, ist möglich, da Gott allen geschaffenen Wesen den »Freien Willen« verliehen hat.
Die Bibel nennt viele Zeugnisse eines Abfalles von Gott. Hier seien einige davon angeführt:

Jer. 3,20–21 / 5,6 / Jes. 59,20 /
Ez. 44,13 / Dan. 9,5 u. 9,9 / Wei. 3,10.

Diese Bibelbücher begründen sich aus den Urschriften, von Propheten der Zeiten des Alten Testamentes. Sie zeigen, wie die Menschheit seit ihrem Anfang, das heißt schon seit Adam und Eva, mit dem Mord von Kain an Abel (1. Mose 4/8)

(siehe Thema »**Fam. Familien mit unterschiedlich** gestalteten **Kontaktklimas**«)

von Sündhaftigkeit geprägt ist.

Diese Sündhaftigkeit, der Abfall von Gott, also verursacht vor der für Menschen geschaffenen Erde, ist, mit der Möglichkeit
des »Freien Willens«,
geschehen (im Himmel) im göttlich-geistigen Reiche.
Dieser Abfall umfasste, unter der Führung eines der allerhöchsten Engel des Himmels, einen großen Teil der gesamten Engelwelt. Wegen des Abfalles von Gott wurden sie alle aus dem Himmel, in die Tiefe der dazu von Gott geschaffenen Hölle, gestürzt.
So standen sie nun, in unsäglichem Leid und größter Reue, in deren geistiger Finsternis.

Siehe dazu die Bibelzeugnisse:
Jes. 14,11–15 / Tob. 13,2 / Mat. 25,41 / Joh. 8,44 / Luk. 11,18 / Röm. 16,20 / Off. 12,7–9 u. 20,10.
Gott, Christus und die gesamte göttliche Engelswelt erbarmten sich der so Gefallenen (siehe Dan. 9,9).

Erlösung

Durch ihre Gefolgschaft zu Satan, dem großen sündigen Anführer, haben sich die Gefallenen derart an ihn gebunden, dass ihnen, ohne eine ganz spezielle göttliche Hilfe, eine Rückkehr zu Gott nicht möglich wird. Das deshalb, da Gott in seiner unendlichen Gerechtigkeit Satans Argumentation gelten ließ, dass es nie möglich sein werde, dass sich ein Gefallener, als Mensch, während seines ganzen irdischen Lebens, trotz satanisch höchster Beeinflussung, ohne irgendwelche Verstöße gegen göttliche Gesetze, aus dieser Gebundenheit befreien könne. Wenn der von Satan geforderte Beweis erfolgen würde, nur dann wäre die satanische Gebundenheit gebrochen.

Und eine mögliche Rückkehr der Gefallenen zu Gott und deren Gesetzen könnte dann möglich sein, wenn sie ihre, durch die während längeren Zeitepochen geführten Gesetzesverstöße und deren dadurch erreichten seelisch böswilligen Seelenzustand, in ähnlich langen, stufenweisen Zeitepochen mühsam wieder abgebaut und die frühere göttlich-geistige Denk- und Handlungsweise wieder erreicht hätten.

Zur Möglichkeit einer solchen Rückkehr zu Gott haben Gott und Christus, im Sinne einer stufenweisen »Seelenheilschule«, diese irdische Ebene, die Erde, geschaffen.

In den Zeiten des Alten Testamentes gab Gott immer wieder einst nicht so schwer versündigten Gefallenen, in der auch von Satan unumschränkt beherrschten Erde, in einem Menschenleben, Gelegenheit trotz satanischem Wirken, nach einfachen göttlichen Vorgaben zu leben zu versuchen.

Siehe hierzu die über Moses gegebenen
»Zehn Gebote Gottes«.

Aber an Satan gebunden mussten sie nach ihrem Ableben wieder in eine der höllischen Sphären zurückkehren. Zur Festigung eines Gottesglaubens sandte Gott aus den Reihen seiner Engel dazu speziell als Propheten Bekannte auf die Erde. Am meisten bekannt sind uns z. B.:

Jesaja, Jeremia, Ezechiel und Salomo.

In ihren Missionen führten sie die Menschen zu Gottesglauben, und belehrten sie über die göttlichen Gesetze. In dem Leiden dieser Menschen trösteten sie sie mit der Ankündigung eines von Gott vorgesehenen Messias zur Versöhnung mit Gott, einer Wiedergutmachung des Abfalles, der Erlösung aus der satanischen Gebundenheit, und einer Bereitung für einen möglichen anschließenden Weg zurück zu Gott, gemäß den folgenden Bibelzeugnissen:

Jer. 50,34 / Jes. 59,20 / Ps. 111,9 /
Luk. 2,38 und 21,28 / Kol. 1,13.

Christus nahm diese Aufgabe der Erlösung auf sich, und kam dazu, wie notwendig, als Mensch in unsere Welt. Dies auf Grund der satanischen Argumentation, dass es nicht möglich sei, dass sich ein Mensch trotz aller satanischen Einflüsse und Leidzufügungen stets lückenlos an Gott und seine Gesetze halten würde. Siehe hierzu den oben angeführten Gerechtigkeitsentscheid Gottes.

Aus den Schilderungen des Neuen Testamentes sind wir orientiert über den Sieg Christi über alles Böse, und anschließend, im höllischen Bereiche, innerhalb von drei Tagen, direkt über den Geist Satans.

Als »**Jüngstes und endgültiges Gericht**« wurden Satan alle bisherigen Tätigkeitsrechte über die Erde genommen, mit Ausnahme der Beeinflussungsmöglichkeit des Menschen.

Lebensschule

Diese Erlösung brachte wohl die Versöhnung mit Gott; aber nicht automatisch eine Reinigung ihrer Seelen aus ihrer bis dahin erwirkten Verderbtheit, Boshaftigkeit, dem Materialismus, Egoismus, der Unnachgiebigkeit und Lieblosigkeit. Die entsprechenden Tugenden muss jeder der einst Gefallenen, wie oben schon angeführt, stufenweise selbst erarbeiten.

Die von Gott und Christus dazu geschaffene irdische Ebene für ein Menschsein ist eine Schule dazu.
Diese Schule lehrt als Gleichnis entsprechend:

>>Dem, der dich auf die Backe schlägt,
biete auch die andere dar ...<<

Es ist einfach zu verstehen, dass nur dies zum Frieden führt; denn das gegenseitige Zurückschlagen endet erst, wenn einer von beiden wehrlos geworden und der andere meist auch stark in Mitleidenschaft gezogen ist; ein Ende, das in keinem Verhältnis steht zum ursprünglichen Streitpunkt.

Das gilt auch im Großen!

Weil diese Erde für die unendliche Vielzahl von Menschen, verschiedener geistiger Entwicklung und verschiedensten Lernbedarfs, eine Schule mit mannigfaltigsten Lernstufen und Lehrwegen, und auch, wie oben geschildert, beeinflussbar von Satan ist, geschieht noch so viel Böses in dieser Welt.
Und Er, der Mensch, entscheidet stets selbst über Gut oder Böse.

Der Mensch, im Wunsche eines Rückweges zu Gott, kommt nicht um diese Schule in unserer Welt herum, einer Schule mit, wie individuell notwendig, mehreren Stufen, das heißt mehreren Leben als Mensch. So liegt es in des Menschen Hand, ob er jeweils dem göttlich positiven oder satanisch negativen Einfluss folgen will; das ist die Schule des Lebens. Wir erleben nicht wenige Mitmenschen, die eine untrügliche, feste Ahnung in sich tragen, dass sie nicht das erste Mal in unserer Welt als Mensch lebten (ein wichtiges Zeugnis des Wiedergeborenwerdens).

———————

Die Weltregierung heute

Ursache all des Bösen und Schrecklichen
in unserer Welt ist die noch vorhandene

Sündhaftigkeit der Menschen.

Es ist nicht das Geld, das die Welt regiert;
dies ist nur ein Mittel zum Tausch,
Tausch zwischen Leistungen,
und Produkten verschiedenster Art.

**Es ist die in jetziger Zeit noch so aktive Sündhaftigkeit der
Menschheit, welche, zusammen mit dem satanischen Einfluss,
unsere Welt regiert.**

———————

Beitrag/Zusammenfassung

Nun, am Ende dieses Buches, ist es Zeit für ein Zusammenfassen der daraus resultierenden Erkenntnisse:

Im Willen, einen Beitrag zu leisten,
damit die Welt etwas besser wird,
gilt für uns Menschen:

– Vergiss nie, dass wir alle gemeinsam Kinder Gottes sind;
einst miteinander gefallen; für eine Rückkehr zu Gott alle
im gleichen Boot sitzen; und dereinst wieder einmal an
jenem Himmelsort unser Dasein haben werden,
von wo wir einst, glücklich lebend, durch den Fall,
gekommen sind.

– Aber es bedingt, dass wir lernen, einander helfend,
lückenlos so zu leben, wie Christus lebte und uns lehrte:
mit Gottvertrauen,   absoluter Ehrlichkeit,
Demut,
Gewaltlosigkeit,   Duldsamkeit,
Vergebung,
Nächstenliebe,   Hilfsbereitschaft,
Selbstlosigkeit.

– Versuchen, den Unrechthandelnden zu verstehen; warum, wo
liegen die Ursachen?
– Sei lieb zu jedermann, auch zu jemandem, der Dir vielleicht nicht
sympathisch ist.

Lieber Leser, nun wirst Du vielleicht sagen:
»Das hier ist ja schon recht viel verlangt!«

Aber bedenkt, was Christus für Leiden auf sich genommen hat zur
Versöhnung der Menschheit mit Gott.
Es waren dies nicht nur körperliche Leiden, wie sie z. B. damals
Kriegsgefangene durch Kreuzigung oder Pfählung körperlich erleiden
mussten.
Wir können uns keine Vorstellungen machen, was für seelische Leiden
Christus durch die Versuchungen Satans, Christus könne sich noch
durch Abschwörung von Gottvater aus dem Kreuzestode retten, und
dem gleichzeitigen geistigen Verspotten des Christus am Kreuze.
Deshalb sollte es uns doch möglich sein, sich für die oben aufgeführten
Tugenden anzustrengen.

Und verzage nicht, wenn Du dabei noch Fehler machst; und immer
wieder strauchelst.

Auf Grund des ehrlich guten Willens verzeiht Dir Gott immer wieder.

Schaue stets vorwärts; es kommt eine Zeit, in der Du in diesen
Tugenden so stark geworden bist, dass Du kein neues Erdenleben
(geistiges Schuljahr) mehr auf Dich nehmen musst.

Dazu wünsche ich allen Lesern, speziell in Tagen schwieriger ethischer
Entscheide, trotz möglicher persönlicher Beeinträchtigung, oder
Nachteile, viel Mut und Erfolg.

Liebe-heißt-Schenken-und-
heißt-Geben-und-sei-es-auch-
das-eigene-Leben

Literaturliste

Hinweis auf weitere Bücher von mir:

- **Willst du die Wahrheit, und nichts als die Wahrheit wissen?**
  ISBN 978-3-8834-8318-9   *BoD-Verlag*
- **Ohne Tränen hätte die Seele keinen**   *Books on Demand*
  Regenbogen.   *GmbH Norderstedt*
  ISBN 978-3-8334-8681-4
- **Menschheit zwischen zwei Welten**
  ISBN 078-3-7357-0622-5

- Dazu die orientierende Webseite: **www.alfredheim.net**
- Und das orientierende Interview: **www.youtube.com/user/ Spirit318**

- Christus,   Kleinschrift, Mai 2012
              Privat-Bibliothek Autor
- Der steinige Weg aus dem Inferno
              Kleinschrift,   *Zumsteg*
              Privat-Bibliothek Autor   *Druck AG*
- Zeitnotizen, Internes Manuskript   *5070*
              Sept. 2014   *Frick*
              Privat-Bibliothek Autor
- Lebensbuch Privat-Bibliothek Autor
              Alfred Heim
              (ein Exemplar mit CD)

Hinweis auf wichtige öffentliche Literatur

- Im Internet unter »Pro Beatrice«, bzw.
- Christliche Geisteslehre mit
  www.probeatrice.ch/index.php/de/
  umfangreichen Buchausgaben
  <u>oder</u>
- Die allg. orientierende Webseite
  www.youtube.com/watch?v=8GQac8LV5Co
- Museion 2000, Kulturmagazin,
  Jahresbände von 1991 bis 2007,
  ABZ Verlag Zürich

———————